AF494237

VENTE

Pour cause de départ

DE

MME BLANCHE DUVERNEY

En son hôtel

9, rue Eugène Flachat, 9

ÉLÉGANT MOBILIER

Époques et Styles

RENAISSANCE, LOUIS XV ET LOUIS XVI

OBJETS D'ART, TABLEAUX

TAPISSERIES

Me G. DUCHESNE
COMMISSAIRE-PRISEUR
6, rue de Hanovre

M. A. BLOCHE
EXPERT
25, rue de Châteaudun

IMPRIMERIE ARTISTIQUE

E. MÉNARD & C

Bureaux et Ateliers : PARIS, [illegible], RUE MILTON

CATALOGUE

D'UN

ÉLÉGANT MOBILIER

Époques et Styles

RENAISSANCE, LOUIS XV ET LOUIS XVI

OBJETS D'ART, SCULPTURES, TABLEAUX

BELLES TAPISSERIES

Tentures, Tapis

GARNISSANT L'HOTEL DE MADAME BLANCHE DUVERNEY

9, rue Eugène Flachat, 9

près le boulevarrd Berthier

OU LA VENTE AURA LIEU

Les Jeudi 24 et Vendredi 25 Mai 1894

A DEUX HEURES 1/4

Par le ministère de **M. Georges DUCHESNE**, Commissaire-Priseur

Assisté de **M. A. BLOCHE**, Expert près la Cour d'Appel

25, rue de Châteaudun

EXPOSITIONS

PARTICULIÈRE		PUBLIQUE
Le Mardi 22 Mai 1894	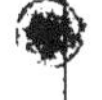	Le Mercredi 23 Mai 1894

DE UNE HEURE ET DEMIE A CINQ HEURES ET DEMIE

Le présent Catalogue servira d'Entrée à l'Exposition particulière

NOTA : **L'hôtel est à vendre.**

Pour tous renseignements s'adresser à **Me LAVERNE**, notaire

13, rue Taitbout

CONDITIONS DE LA VENTE

Elle sera faite au comptant.

Les Acquéreurs paieront CINQ POUR CENT en sus des enchères.

Aucune réclamation ne sera admise une fois l'adjudication prononcée.

Paris. — Imp. Artistique, E. MÉNARD ET Cie, 8, rue Milton.

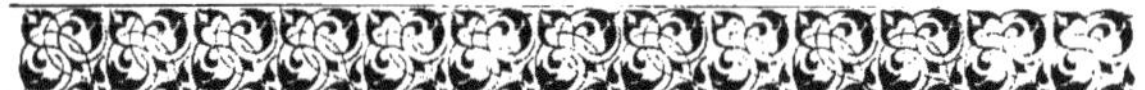

VESTIBULE

1 — Décor de baie formé par une grande cantonnière en tapisserie du temps de la Renaissance, représentant des scènes mythologiques, des vases chargés de fruits avec des draperies tenues par des enfants, des figures allégoriques de déesses sous des bosquets à baldaquins supportés par des cariatides, un troubadour pinçant de la mandoline, Diane et Calisto, et au fronton une armoirie accostée de deux amours.

2-3 — Deux panneaux en ancienne tapisserie à paysages boisés avec cours d'eau, vues de châteaux et ruines, animées de canards, de cygnes et autres volatiles; bordure de l'une à fleurs, ornements et nœuds de rubans, de l'autre à trophées symboliques, enroulements, ornements et écussons.

4 — Torchère formée par un singe assis sur un rocher et présentant une coupe, bois sculpté, travail italien.

5 — Fauteuil forme X, en noyer sculpté, montants à figures de lions, bras ornés de feuillages. Coussin et dossier en satin rouge broché à fleurs. Style Renaissance.

6 — Meuble flamand en bois sculpté ouvrant à une porte, flanqué de cariatides sur colonnes détachées supportant le fronton, posant sur console à gros pilastres, XVIIe siècle.

7 — Banquette formant coffre, en bois sculpté avec panneau à draperies et ornements, coussin en velours de lin rouge garni de galons jaunes. Style Gothique.

8 — Petite banquette en bois sculpté, offrant sur le devant un motif à mascaron tenant des guirlandes de fruits rattachées à deux consoles surmontées d'animaux chimériques. Travail italien, style Renaissance.

9 — Paire de vases en porcelaine du Japon, décor en rouge bleu et or.

10 Deux grands porte-parapluies cylindriques, en porcelaine du Japon, décor d'oiseaux au milieu de feuillages, et animaux aquatiques en bleu sur blanc.

11 — Jardinière en faïence émaillée, fond jaune, décor de fleurs en relief, travail de Gallé de Nancy.

12 — Jardinière en faïence émaillée, décor d'insectes et de fruits en relief, travail de Gallé de Nancy.

13 — Bras d'applique en fer forgé.

14 — Lanterne en fer forgé à fleurs et feuillages style Renaissance, système à gaz.

15 — Grande tenture flottante en velours de lin rouge, amplement drapée et relevée à l'italienne.

16 — Deux carpettes orientales fond rouge.

17 — Tapis d'escalier et de vestibule en moquette fond rouge, dessin à fleurs, ton sur ton.

18 — Jardinière en bronze fumé et frotté du Japon.

SALLE A MANGER

19-21 — Très bel ameublement de salle à manger en noyer sculpté de style Renaissance, composé 1° d'un buffet dressoir à pans coupés supporté par des colonnes cannelées et feuillagées surmontées de chapiteaux, au centre et aux angles des mascarons diaboliques séparés par une galerie à godrons et feuillages ; 2° deux buffets à étagères formant crédence, à frontons supportés par des colonnes détachées ; 3° d'une table à coins arrondis posant sur des colonnes reliées par une galerie à arcades.

22 — Huit chaises en noyer ciré avec dossiers à frontons triangulaires, montants à têtes chimériques et feuillages, couvertes en cuir repoussé.

23 — Deux colonnes torses feuillagées, en noyer sculpté, surmontées de chapiteaux, style du XVIe siècle.

24 — Tapisserie flamande représentant un sujet tiré de l'histoire ancienne; composition de nombreux personnages dans un paysage accidenté, avec large bordure offrant dans le haut des enroulements et des amours reliés par des cariatides chimériques, sur les côtés des cornes d'abondance garnies de fleurs et de fruits et des petits médaillons à paysages.

25 — Grande et belle tapisserie ancienne formant décor de baie, représentant une scène allégorique, à nombreux personnages, bordure à vases de fleurs.

26 — Décor de fenêtre formé de deux pentes et d'un bandeau à lambrequins, en velours de lin rouge avec applications en broderie de velours de soie et tapisserie en polychrome à fleurs encadrées de galons jaunes. Style du XVIe siècle.

27 — Grande baie formée d'un bandeau et de deux pentes, en velours de lin rouge avec galons jaunes. Style du XVIe siècle.

28 — Tapis de table en velours de lin rouge avec broderies et applications analogues à celles du décor de fenêtre, style XVIe siècle.

29 — Suspension en fer forgé à douze lumières. Style XVIe siècle.

30 — Paire de landiers en fonte offrant des médaillons à buste de guerriers avec traverse fleurdelisée.

31 — Petite table pliante en noyer.

32 —Tapis couvrant la pièce, en moquette rouge, dessin à branchages ton sur ton.

33 — Garniture de cinq pièces : vases et cornets en porcelaine de Chine décor bleu sur blanc.

34 — Garniture de cinq pièces en porcelaine de Chine, décor polychrome.

35 — Deux jardinières de Chine, décor dans le goût de la famille verte.

36 — Cornet en faïence d'Urbino, décor d'ornements.

37 — Bouteille en faïence italienne.

38 — Deux jardinières du Japon, décor polychrome.

39-42 — Vases, coupes, pièces diverses de formes en faïence et verrerie.

GRAND SALON

43 — Suite de trois jolies tapisseries d'Aubusson, offrant de gracieuses compositions champêtres, à petits personnages, d'après *Huet*. Bordures à encadrements ornementés, enguirlandés de fleurs, avec motifs à coquilles aux angles.

La première représente : *La causerie à la fontaine*.

Des bergers et bergères surveillant leurs moutons, tressent des guirlandes de fleurs pendant qu'une lavandière, penchée sur le bord d'une pièce d'eau, écoute un paysan. Près d'eux des paniers de fruits, leur houlettte; à droite, de verts ombrages abritent la fontaine.

La seconde représente : *La danse champêtre.*

Deux groupes de paysans et de paysannes s'en donnent à cœur-joie ; le violoneux qui les fait danser, est monté sur une table devant l'auberge.

La troisième représente : *Le festin champêtre.*

Cinq personnages sont attablés; un chien jappe après les mets servis. Au fond un cavalier et un troupeau apparaissent sur une route.

44 — Décor de fenêtre satin blanc du temps de Louis XVI, rayé rose, avec bouquets de roses détachés, composé de deux pentes formant bonne grâce et d'une draperie combinée en velours vert et satin.

45 — Décor de baie en soie blanche rayée et brochée, à guirlandes et bouquets de fleurs, composée de deux grandes portières et d'une bonne grâce, amplement drapées et accompagnées de cordelières et franges assorties. Style Louis XVI.

46 — Tenture murale de la pièce, en satin vert, dessin broché à rayures et guirlandes de feuillages, ton sur ton.

47 — Beau canapé en bois sculpté, dessin à nœuds de rubans, accotoirs à feuilles d'acanthe, pieds

cannelés, couvert en satin rose rayé blanc, vert et noir, broché à bouquets et guirlandes de bleuets. Epoque Louis XVI.

48 — Deux coussins couverts en satin analogue.

49 — Canapé couvert en soie blanche, à bouquets de fleurs et guirlandes de feuillages en broderie de soie, garni de franges assorties.

50 — Petit canapé en bois sculpté, dessin à feuilles d'acanthe, rosaces et rubans enroulés, pieds cannelés, couvert en satin crême rayé rose, broché à guirlandes et bouquets de fleurs. Epoque Louis XVI.

51 — Chaise chauffeuse, bois sculpté, bandeau à rubans enroulés et rosaces, couverte en même étoffe.

52 — Deux fauteuils et deux chaises en noyer sculpté, dossiers à médaillons, dessin à rubans enroulés, pieds cannelés, couverts en satin gris-rose, rayé vert et rose et broché à bouquets de fleurs. Epoque Louis XVI.

53 — Fauteuil analogue, couvert en satin rayé saumon et blanc, dessin à étoiles.

54 — Fauteuil en noyer sculpté, dessin à nœuds de rubans et piécettes enfilées, dossier à médaillons, couvert en satin gris-rosé, rayé vert et rose, broché à bouquet de fleurs. Epoque Louis XVI.

55 — Petite bergère en noyer sculpté, à festons et rubans enroulés, consoles à feuilles d'acanthe, pieds cannelés, couverte en satin rayé rose, blanc et vert et broché à guirlandes et bouquets de fleurs. Epoque Louis XVI.

56 — Tabouret carré en noyer sculpté, bandeaux à rais de cœur, couvert en satin blanc argent, brochée à gerbes de fleurs, liées par des nœuds de rubans, style Louis XVI.

57 — Petit tabouret de pied en noyer sculpté, dessin à rubans enroulés, couvert en soierie crême, rayée et brochée, à bouquets de fleurs détachés, époque Louis XVI.

58 — Table de milieu en bois sculpté, laqué blanc et rehaussé d'or, dessin à gerbes de roses, rinceaux feuillagés et feuilles d'acanthe, bordure à rubans enroulés, pieds à cannelures avec perlés, dessus en marbre rouge, Louis XVI.

59 — Jolie console en bois sculpté, laqué blanc et relevé d'or, dessin à couronnes et guirlandes de fleurs, rattachés à un nœud de rubans, bordure à rubans fleuronnés. Les pieds, cannelés et à feuilles de laurier, sont reliés par un entrejambe offrant, au milieu un vase avec bouquets de roses, époque Louis XVI.

60-61 — Deux jolies commodes à trois tiroirs, en marqueterie de bois de luxe et palissandre, dessin à vases de fleurs et encadrements, dessus en marbre brèche d'Orient, époque Louis XVI.

62 — Guéridon en acajou garni de perles de cuivre, dessus en marbre blanc, époque Louis XVI.

63 — Paravent à trois feuilles, en noyer sculpté; la feuille du milieu en soierie argent, armurée avec motifs d'ornements à élégants rinceaux feuillagés et fleuris dans un encadrement en perles : les feuilles des côtés à fond de petite glace, style Louis XVI,

64 — Tabouret rectangulaire en noyer, couvert en tapisserie fond noir à grands branchages, style Louis XIII.

65 — Lustre en bronze doré, à huit bras de lumières reliés par des guirlandes de vigne, style Louis XVI.

66 — Deux bras d'appliques à trois lumières en bronze doré, attachés par une draperie à glands, reliée à un nœud de ruban. Époque Louis XVI.

67 — Statuette en marbre : nymphe au papillon.

68 — Belle chaise à porteurs, transformée en vitrine, décor fond vert à groupes d'amours, bouquets de fleurs et alliances d'armoiries. Encadrements à rais de cœur, galerie à jour, dessus, à guirlandes de laurier et rubans entrelacés à rehauts d'or. Intérieur gaîné en satin rose rayé et broché.

69 — Paire de beaux vases couverts en granit rose d'Orient richement montés en bronze ciselé et doré, style Louis XVI.

70 — Paire de jolis candélabres en bronze de style Louis XVI, statuettes de nymphes drapées, portant des bouquets de roses à cinq lumières.

71 — Paire de flambeaux en bronze doré, décor à guirlandes, style Louis XVI.

72 — Deux petites figurines en bronze : Faunes, enfants. Sur socles en marbre.

73 — Statuette équestre en bronze : Louis XIV à cheval, socle en marbre.

74 — Grand brûle-parfums en porcelaine du Japon. Décor polychrome, monté en bronze doré.

75 — Jardinière porphyre oriental évidé, montée en bronze doré, style Louis XV.

76 — Charmant groupe de trois nymphes, amour et enfant en biscuit formant pendule, monture en bronze doré, sur socle en marbre jaune de Sienne. Style Louis XVI.

77 — Deux cassolettes de Saxe, fond orange à médaillons de fleurs.

78 — Figurine de Saxe : *Danseur*.

79 — Petite coupe, décorée d'oiseaux et de fleurs en relief, de Saxe.

80-82 — Diverses pièces de vitrine.

83 — Colonne en marbre fleur de pêcher, garnie de bronzes ciselés et dorés, style Louis XVI.

84 — Tapis de moquette rouge couvrant la pièce.

PETIT SALON

85 — Décors de fenêtre, de porte et tenture murale en étoffe écrue brochée à grandes fleurs et feuillages, garnitures et embrasses assorties.

86 — Ameublement de salon composé d'un divan, deux fauteuils et deux chaises, couverts en panne fleur de pêcher avec applications et broderies polychromes sur velours de lin chataigne. Les chaises montées sur noyer sculpté et à colonnettes.

87 — Cheminée couverte en même étoffe et ornée d'applications et broderies de même style.

88 — Meuble étagère en bois des Iles sculpté, avec panneaux en laque noire offrant des volatiles et des arbustes en laque d'or et incrustations de nacre et d'ivoire, posant sur socle en bois de fer sculpté. Travail Japonais.

89 — Joli petit meuble cabinet, en bois d'ébène et écaille, ouvrant à deux portes, tiroirs et battants ornés de peintures d'une grande finesse, scènes de la vie du Christ, attribuées à Van Thulden ; le dessus s'ouvre à charnières, il est garni d'une glace biseautée à l'intérieur, XVIIe siècle.

90 — Miroir avec glace biseautée, cadre en bois sculpté, dessin à fleurs et feuillages.

91 — Petite table couverte en peluche verte et soierie ancienne.

92 — Table en noyer.

93 — Support-console en noyer sculpté formé par un griffon ailé.

94 — Tapis couvrant la pièce, en moquette rouge.

95 — Paire de bras d'applique, à deux lumières, en bronze doré, Louis XVI, ornées de guirlandes et surmontés d'un brûle-encens.

96 — Jolie pendule en marqueterie de Boule, ornée de bronzes dorés, époque Louis XIV.

97 — Deux vases de Chine, décor à personnages.

98 — Deux coupes de Chine, décor polychrome.

99-103 — Objets d'étagères européens et de l'Extrême-Orient.

SERRE

104 — Deux chaises en satin de Chine rose avec broderie de soie à oiseaux, fleurs et feuillages, garnies de franges assorties.

105 — Fauteuil et chaise en bambou, dossiers forme éventail en marqueterie de bois, sièges cannés avec coussins en satin chaudron, offrant des petits personnages en broderie de soie. Travail de Chine.

106 — Fauteuil et chaise en bambou, sièges cannés avec coussins couverts en même étoffe que les précédents.

107 — Six grandes jardinières en bambou, ornées de vingt-huit plaques en porcelaine, belle qualité, offrant des paysages animés de personnages dans le goût chinois.

108 — Table en bambou et en marqueterie.

109 — Dessus de table en satin de Chine rose, offrant des dragons impériaux dans des nuages en broderie de soie.

110 — Paravent à trois feuilles et à double face, formé de panneaux en crêpe de Chine gris et vert brodé, paysages et marines.

111 — Cache-pot émaillé vert, dessin à fleurs d'iris et marguerites, anses formées par des têtes d'éléphants, avec socle-support formé par trois cariatides d'animaux chimériques.

PREMIER ÉTAGE

CHAMBRE A COUCHER

112 — Grand et beau lit de milieu, en noyer sculpté, dessins à contours et bouquets de roses, foncé de canne. Style Louis XV.

113 — Deux tables de nuit en noyer sculpté, style Louis XV.

114 — Beau meuble à hauteur d'appui, en palissandre ciré, garni de bronzes ciselés et dorés, panneaux des portes en ancienne laque de Coromandel, offrant des personnages dans des jardins. Dessus en marbre jaspé.

115 — Jolie chaise longue en trois parties, en noyer sculpté, dessin à contours et bouquets de fleurs, sièges et dossiers cannés, avec coussins, en dauphine bleue et brochée à fleurs. Style Louis XV.

116 — Canapé de coin couvert en brocart d'or, fond crême, à fleurs et festons, garni de franges assorties.

117 — Petit meuble forme demi-lune, à deux tiroirs et deux portes en marqueterie de bois de palissandre et de bois de rose, dessin à trophée guerrier et vases de fleurs, dessus en marbre rouge veiné. Epoque Louis XVI.

118 — Petite table forme rognon, en marqueterie de bois de rose, de palissandre et d'amaranthe, offrant sur le dessus un trophée d'attributs de musique, garni de bronzes. Style Louis XV.

119 — Tapis couvrant la pièce, en moquette de soie à grands branchages ton sur ton.

120 — Beau groupe en marbre : *Le Baiser*, D'HOUDON.

121 — Paire de vases en porcelaine de Chine, décor polychrome.

122 — Jardinière en bronze doré ornée de scènes mythologiques en bas relief, style Louis XV.

123 —Statuette en bronze patine verte : *Baigneuse*, d'Albert Desenfant.

124 — Paire de vases en porcelaine de Chine, décor polychrome à figures.

125 — Deux vases portés par des figurines en métal Japonais.

BOUDOIR

126 — Beau meuble bureau, d'aspect architectural, en marqueterie de bois satiné, d'ivoire et de nacre; le bas formant commode à quatre tiroirs, le haut ouvrant à deux portes, est garni de petits tiroirs et de petites niches. Il offre comme décor d'élégants rinceaux au milieu desquels se trouve un vase de fleurs, des papillons et des têtes de femmes. Epoque Louis XIV.

127 — Jolie petite commode à deux tiroirs, forme gondolée et cintrée, en bois de palissandre et de violette, ornée de bronzes ciselés à rocailles. Dessus en marbre brèche d'Alep. Epoque Louis XV.

128-129 — Deux belles encoignures en laque noire et aventurinée, garnies de bronzes. Les portes offrent des vases de fleurs autour desquels voltigent des papillons en laque d'or, dessus en marbre brèche d'Alep. Epoque Louis XV.

130 — Grande bergère style Louis XV, en noyer sculpté, dessin à contours et à bouquets de fleurs, fond canné, avec coussin en ancienne soierie, fond crême, brochée à fleurs et plumes.

131 — Deux jolies petites chaises en noyer sculpté, dessin à contours, rocailles et fleurs de roses, dossiers forme coquille et sièges cannés, de style Louis XV, avec coussins en ancienne soierie fond blanc, brochée à bouquets de fleurs et festons.

132 — Très jolie petite console à un tiroir, en noyer sculpté, dessin à rocailles, coquilles et écussons, pieds à griffes, dessus en marbre rouge. Epoque Louis XV.

133 — Jardinière de Chine, décor à médaillons.

134 — Jolie pendule en bronze doré, époque Louis XVI, cadran *signé :* Delafosse, forme vase enguirlandé et à nœuds de rubans, anses à feuillages.

135 — Deux girandoles à trois lumières en bronze doré, style Louis XVI, ornées de guirlandes et surmontées de brûle-parfums.

136-140 — Figurines, brûle-parfums, vases japonais et chinois.

CABINET DE TOILETTE

141 — Grande armoire de forme pagode, en bois des Iles bambou ciré et décorée d'arbustes, de fleurs, de personnages, d'oiseaux et d'insectes en appli-

cations d'ivoire, de nacre et de bois coloriés. Travail français dans le goût chinois. Elle ouvre à deux battants dont un avec glace et à six tiroirs.

142 — Table de toilette analogue, dessus en marbre rouge et à tablette.

143 — Petite table analogue.

144 — Petit meuble étagère en palissandre ciré, garni de panneaux offrant des oiseaux, des insectes et des arbustes en applications d'ivoire et de nacre de même travail que les meubles précédents.

145 — Table en bambou, dessus toilette.

146 — Ecran en bambou avec panneau en broderie japonaise à personnages.

147 — Deux chaises en bambou avec sièges et dossiers en cuir, dessin à nombreux petits personnages dans des paysages.

148 — Deux fauteuils et deux chaises en soierie bleue, brochée, dessin à petits médaillons fleuris, garnis de franges assorties.

149 — Ecran en bambou avec panneau en broderie de soie et or, fond bleu, dessin à nombreux personnages dans une jonque avec dragon à l'avant.

150 — Petite table gigogne en noyer.

151 — Grand divan couvert en étoffe fond écru, petits dessins, brodé.

152 — Paire de chenêts en fer forgé.

153 — Cheminée en bambou, dessus pailleté, bandeaux en étoffe épinglée et brodée, fond crème.

154 — Brûle-parfums en bronze japonais.

155 — Très remarquable tenture murale représentant des paysages fleuris, dans le goût japonais, animés d'Ibis et d'oiseaux. Travail français des plus curieux, de broderies en haut relief, d'application et de peinture.

156 — Deux bras d'applique en bronze, système à gaz : bambous autour desquels s'enroulent des chrysanthèmes.

157 — Panneau en bois sculpté de Chine. Tête d'homme.

158 — Belle statuette en bronze, patine polychrome : *Salomé,* de DUMAIGE (Signée).

159 — Paire de vases de Satzuma, riche décor à personnages, rehaussé d'or.

160-161 — Deux garnitures de toilette en porcelaine de Chine, décor à fond d'or.

162-167 — Brûle-parfums, vide-poches, coupes, vases en porcelaine et en bronze chinois et japonais.

168 — Décor de fenêtres en satin bleu, dessin à fleurs et rayures en polychrome.

169 — Tapis couvrant la pièce, en moquette fond crême, à fleurs ton sur ton.

170 — Encadrement de glace en bambou et pailleté.

DEUXIÈME ÉTAGE

DEUXIEME CHAMBRE A COUCHER

171 — Ameublement de chambre à coucher en noyer ciré, de style Louis XV, composé d'un lit de milieu, d'une table de nuit, d'un chiffonnier à sept tiroirs, d'une psyché à glace biseautée, d'une grande armoire à trois portes et de deux chaises à sièges en étoffe capitonnée rouge.

172 — Banquette en noyer, couverte de velours de lin vert pâle, avec galons dorés, style Henri II.

173 — Chaise, forme dite Elisabeth, en noyer, avec dossier et siège couverts de tapisserie de soie au point, fond crême à fleurs et contre-fond en peluche verte.

174 — Petite table garnie de peluche et de soierie.

175 — Bureau à cylindre en acajou ciré, garni de filets de perles et d'une galerie en cuivre, dessus en marbre blanc, pieds cannelés. Epoque Louis XVI.

176 — Petite armoire de poupée en noyer, formant commode à trois tiroirs dans le bas. Epoque Louis XV.

177 — Décors de lit, de croisée et de deux portes avec couvre-lit en peluche verte et satin maïs, brodé à rinceaux et cornes d'abondance, garnis de franges.

178 — Brûle-parfums en bronze du Japon. Décor en bas relief.

179 — Deux vases en bronze du Japon.

180 — Deux figurines de Kutani.

CABINET DE TOILETTE

181 — Armoire normande en bois sculpté, dessin à rocailles fleuries. Epoque Louis XV.

182 — Etagère d'angle en bambou.

183 — Toilette en pitchpin. Dessus en marbre blanc à étagère.

184 — Décors de croisée et de deux portes en satin de Chine rouge, richement brodé à paysages fleuris et oiseaux, garnis de franges.

185 — Objets divers.

TABLEAUX

BLUM (Maurice)

186 — *Tête de femme blonde.*

187 — *La Déclaration.*

CONSTABLE (Attribué à)

188 — *Le Moulin.*
Paysage avec figures.

GÉRARD (Baron)

189 — Portrait d'homme, de l'époque.

LA LYRE

190 — *Les Sirènes surprises par les Dauphins.*

191 — *Baigneuse triomphante.*
2 pendants.

LELOIR (Louis)

192 — *Femme Orientale.*
Très belle aquarelle.

VAN LOO (Louis-Michel)

193 — Très beau portrait de dame représentée assise en élégant costume à corsage décolleté, tenant un petit chien sur ses genoux.
Cadre à fronton orné de guirlandes de fleur et de festons

OUDRY (Attribué à)

194-195 — *Chiens à l'affût.*

2 petits tableaux se faisant pendants.

RUYSDAEL (Attribué à Jacques)

196 — Beau paysage boisé avec figures.

Cadre ancien et doré.

TORRÈS DE MARCILLO

197 — *Coquette Louis XV.*

198 — *Intérieur rustique.*

Charmants tableaux touche des plus fines.

ECOLE FLAMANDE

199 — *Le fumeur.*

200 — *Petit portrait d'homme.*

ECOLE MODERNE

201 — Divers tableaux et études.

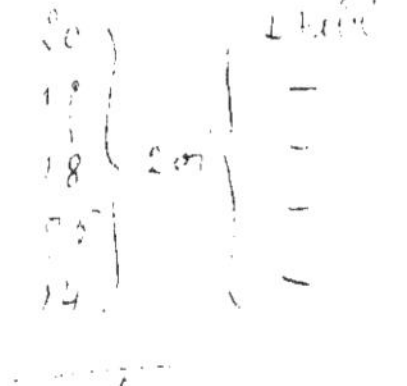

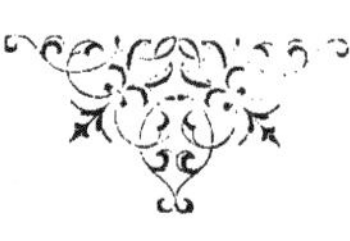

www.ingramcontent.com/pod-product-compliance
Ingram Content Group UK Ltd.
Pitfield, Milton Keynes, MK11 3LW, UK
UKHW020524180726
13839UKWH00005B/2291

9 782329 511467